Profesor.

LIBRO DE REGISTRO DE
COMUNICACIONES

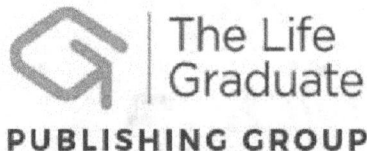

NOMBRE _____

COLEGIO _____

AÑO _____

INFORMACIÓN DEL CONTACTO

Alumna/Alumno

Fecha de nacimiento

Nombre del padre

teléfono de contacto

Email de contacto

Nombre del madre

teléfono de contacto

Email de contacto

Contacto de emergencia no. 1: nombre y parentesco — teléfono de contacto

Contacto de emergencia no. 2: nombre y parentesco — teléfono de contacto

Información médica

Otros detalles e información

INFORMACIÓN DEL CONTACTO

Alumna/Alumno

Fecha de nacimiento

Nombre del padre

teléfono de contacto

Email de contacto

Nombre del madre

teléfono de contacto

Email de contacto

Contacto de emergencia no. 1: nombre y parentesco — teléfono de contacto

Contacto de emergencia no. 2: nombre y parentesco — teléfono de contacto

Información médica

Otros detalles e información

INFORMACIÓN DEL CONTACTO

Alumna/Alumno

Fecha de nacimiento

Nombre del padre

teléfono de contacto

Email de contacto

Nombre del madre

teléfono de contacto

Email de contacto

Contacto de emergencia no. 1: nombre y parentesco teléfono de contacto

Contacto de emergencia no. 2: nombre y parentesco teléfono de contacto

Información médica

Otros detalles e información

INFORMACIÓN DEL CONTACTO

Alumna/Alumno:

Fecha de nacimiento:

Nombre del padre:

teléfono de contacto:

Email de contacto:

Nombre del madre:

teléfono de contacto:

Email de contacto:

Contacto de emergencia no. 1: nombre y parentesco:

teléfono de contacto:

Contacto de emergencia no. 2: nombre y parentesco:

teléfono de contacto:

Información médica:

Otros detalles e información

INFORMACIÓN DEL CONTACTO

Alumna/Alumno

Fecha de nacimiento

Nombre del padre

teléfono de contacto

Email de contacto

Nombre del madre

teléfono de contacto

Email de contacto

Contacto de emergencia no. 1: nombre y parentesco — teléfono de contacto

Contacto de emergencia no. 2: nombre y parentesco — teléfono de contacto

Información médica

Otros detalles e información

INFORMACIÓN DEL CONTACTO

Alumna/Alumno:

Fecha de nacimiento:

Nombre del padre:

teléfono de contacto:

Email de contacto:

Nombre del madre:

teléfono de contacto:

Email de contacto:

Contacto de emergencia no. 1: nombre y parentesco — teléfono de contacto:

Contacto de emergencia no. 2: nombre y parentesco — teléfono de contacto:

Información médica:

Otros detalles e información

INFORMACIÓN DEL CONTACTO

Alumna/Alumno

Fecha de nacimiento

Nombre del padre

teléfono de contacto

Email de contacto

Nombre del madre

teléfono de contacto

Email de contacto

Contacto de emergencia no. 1: nombre y parentesco — teléfono de contacto

Contacto de emergencia no. 2: nombre y parentesco — teléfono de contacto

Información médica

Otros detalles e información

INFORMACIÓN DEL CONTACTO

Alumna/Alumno

Fecha de nacimiento

Nombre del padre

teléfono de contacto

Email de contacto

Nombre del madre

teléfono de contacto

Email de contacto

Contacto de emergencia no. 1: nombre y parentesco   teléfono de contacto

Contacto de emergencia no. 2: nombre y parentesco   teléfono de contacto

Información médica

Otros detalles e información

INFORMACIÓN DEL CONTACTO

Alumna/Alumno

Fecha de nacimiento

Nombre del padre

teléfono de contacto

Email de contacto

Nombre del madre

teléfono de contacto

Email de contacto

Contacto de emergencia no. 1: nombre y parentesco — teléfono de contacto

Contacto de emergencia no. 2: nombre y parentesco — teléfono de contacto

Información médica

Otros detalles e información

INFORMACIÓN DEL CONTACTO

Alumna/Alumno

Fecha de nacimiento

Nombre del padre

teléfono de contacto

Email de contacto

Nombre del madre

teléfono de contacto

Email de contacto

Contacto de emergencia no. 1: nombre y parentesco · teléfono de contacto

Contacto de emergencia no. 2: nombre y parentesco · teléfono de contacto

Información médica

Otros detalles e información

INFORMACIÓN DEL CONTACTO

Alumna/Alumno

Fecha de nacimiento

Nombre del padre

teléfono de contacto

Email de contacto

Nombre del madre

teléfono de contacto

Email de contacto

Contacto de emergencia no. 1: nombre y parentesco — teléfono de contacto

Contacto de emergencia no. 2: nombre y parentesco — teléfono de contacto

Información médica

Otros detalles e información

INFORMACIÓN DEL CONTACTO

Alumna/Alumno

Fecha de nacimiento

Nombre del padre

teléfono de contacto

Email de contacto

Nombre del madre

teléfono de contacto

Email de contacto

Contacto de emergencia no. 1: nombre y parentesco — teléfono de contacto

Contacto de emergencia no. 2: nombre y parentesco — teléfono de contacto

Información médica

Otros detalles e información

INFORMACIÓN DEL CONTACTO

Alumna/Alumno

Fecha de nacimiento

Nombre del padre

teléfono de contacto

Email de contacto

Nombre del madre

teléfono de contacto

Email de contacto

Contacto de emergencia no. 1: nombre y parentesco — teléfono de contacto

Contacto de emergencia no. 2: nombre y parentesco — teléfono de contacto

Información médica

Otros detalles e información

INFORMACIÓN DEL CONTACTO

Alumna/Alumno

Fecha de nacimiento

Nombre del padre

teléfono de contacto

Email de contacto

Nombre del madre

teléfono de contacto

Email de contacto

Contacto de emergencia no. 1: nombre y parentesco — teléfono de contacto

Contacto de emergencia no. 2: nombre y parentesco — teléfono de contacto

Información médica

Otros detalles e información

INFORMACIÓN DEL CONTACTO

Alumna/Alumno

Fecha de nacimiento

Nombre del padre

teléfono de contacto

Email de contacto

Nombre del madre

teléfono de contacto

Email de contacto

Contacto de emergencia no. 1: nombre y parentesco — teléfono de contacto

Contacto de emergencia no. 2: nombre y parentesco — teléfono de contacto

Información médica

Otros detalles e información

INFORMACIÓN DEL CONTACTO

Alumna/Alumno:

Fecha de nacimiento:

Nombre del padre:

teléfono de contacto:

Email de contacto:

Nombre del madre:

teléfono de contacto:

Email de contacto:

Contacto de emergencia no. 1: nombre y parentesco / teléfono de contacto

Contacto de emergencia no. 2: nombre y parentesco / teléfono de contacto

Información médica:

Otros detalles e información

INFORMACIÓN DEL CONTACTO

Alumna/Alumno

Fecha de nacimiento

Nombre del padre

teléfono de contacto

Email de contacto

Nombre del madre

teléfono de contacto

Email de contacto

Contacto de emergencia no. 1: nombre y parentesco — teléfono de contacto

Contacto de emergencia no. 2: nombre y parentesco — teléfono de contacto

Información médica

Otros detalles e información

INFORMACIÓN DEL CONTACTO

Alumna/Alumno

Fecha de nacimiento

Nombre del padre

teléfono de contacto

Email de contacto

Nombre del madre

teléfono de contacto

Email de contacto

Contacto de emergencia no. 1: nombre y parentesco — teléfono de contacto

Contacto de emergencia no. 2: nombre y parentesco — teléfono de contacto

Información médica

Otros detalles e información

INFORMACIÓN DEL CONTACTO

Alumna/Alumno

Fecha de nacimiento

Nombre del padre

teléfono de contacto

Email de contacto

Nombre del madre

teléfono de contacto

Email de contacto

Contacto de emergencia no. 1: nombre y parentesco — teléfono de contacto

Contacto de emergencia no. 2: nombre y parentesco — teléfono de contacto

Información médica

Otros detalles e información

INFORMACIÓN DEL CONTACTO

Alumna/Alumno

Fecha de nacimiento

Nombre del padre

teléfono de contacto

Email de contacto

Nombre del madre

teléfono de contacto

Email de contacto

Contacto de emergencia no. 1: nombre y parentesco   teléfono de contacto

Contacto de emergencia no. 2: nombre y parentesco   teléfono de contacto

Información médica

Otros detalles e información

INFORMACIÓN DEL CONTACTO

Alumna/Alumno

Fecha de nacimiento

Nombre del padre

teléfono de contacto

Email de contacto

Nombre del madre

teléfono de contacto

Email de contacto

Contacto de emergencia no. 1: nombre y parentesco — teléfono de contacto

Contacto de emergencia no. 2: nombre y parentesco — teléfono de contacto

Información médica

Otros detalles e información

INFORMACIÓN DEL CONTACTO

Alumna/Alumno

Fecha de nacimiento

Nombre del padre

teléfono de contacto

Email de contacto

Nombre del madre

teléfono de contacto

Email de contacto

Contacto de emergencia no. 1: nombre y parentesco — teléfono de contacto

Contacto de emergencia no. 2: nombre y parentesco — teléfono de contacto

Información médica

Otros detalles e información

INFORMACIÓN DEL CONTACTO

Alumna/Alumno

Fecha de nacimiento

Nombre del padre

teléfono de contacto

Email de contacto

Nombre del madre

teléfono de contacto

Email de contacto

Contacto de emergencia no. 1: nombre y parentesco   teléfono de contacto

Contacto de emergencia no. 2: nombre y parentesco   teléfono de contacto

Información médica

Otros detalles e información

INFORMACIÓN DEL CONTACTO

Alumna/Alumno

Fecha de nacimiento

Nombre del padre

teléfono de contacto

Email de contacto

Nombre del madre

teléfono de contacto

Email de contacto

Contacto de emergencia no. 1: nombre y parentesco   teléfono de contacto

Contacto de emergencia no. 2: nombre y parentesco   teléfono de contacto

Información médica

Otros detalles e información

INFORMACIÓN DEL CONTACTO

Alumna/Alumno: _____

Fecha de nacimiento: _____

Nombre del padre: _____

teléfono de contacto: _____

Email de contacto: _____

Nombre del madre: _____

teléfono de contacto: _____

Email de contacto: _____

Contacto de emergencia no. 1: nombre y parentesco _____ teléfono de contacto _____

Contacto de emergencia no. 2: nombre y parentesco _____ teléfono de contacto _____

Información médica

Otros detalles e información

INFORMACIÓN DEL CONTACTO

Alumna/Alumno

Fecha de nacimiento

Nombre del padre

teléfono de contacto

Email de contacto

Nombre del madre

teléfono de contacto

Email de contacto

Contacto de emergencia no. 1: nombre y parentesco — teléfono de contacto

Contacto de emergencia no. 2: nombre y parentesco — teléfono de contacto

Información médica

Otros detalles e información

INFORMACIÓN DEL CONTACTO

Alumna/Alumno

Fecha de nacimiento

Nombre del padre

teléfono de contacto

Email de contacto

Nombre de la madre

teléfono de contacto

Email de contacto

Contacto de emergencia no. 1: nombre y parentesco — teléfono de contacto

Contacto de emergencia no. 2: nombre y parentesco — teléfono de contacto

Información médica

Otros detalles e información

INFORMACIÓN DEL CONTACTO

Alumna/Alumno

Fecha de nacimiento

Nombre del padre

teléfono de contacto

Email de contacto

Nombre del madre

teléfono de contacto

Email de contacto

Contacto de emergencia no. 1: nombre y parentesco — teléfono de contacto

Contacto de emergencia no. 2: nombre y parentesco — teléfono de contacto

Información médica

Otros detalles e información

INFORMACIÓN DEL CONTACTO

Alumna/Alumno:

Fecha de nacimiento:

Nombre del padre:

teléfono de contacto:

Email de contacto:

Nombre de la madre:

teléfono de contacto:

Email de contacto:

Contacto de emergencia no. 1: nombre y parentesco — teléfono de contacto:

Contacto de emergencia no. 2: nombre y parentesco — teléfono de contacto:

Información médica:

Otros detalles e información

INFORMACIÓN DEL CONTACTO

Alumna/Alumno:

Fecha de nacimiento:

Nombre del padre:

teléfono de contacto:

Email de contacto:

Nombre del madre:

teléfono de contacto:

Email de contacto:

Contacto de emergencia no. 1: nombre y parentesco — teléfono de contacto:

Contacto de emergencia no. 2: nombre y parentesco — teléfono de contacto:

Información médica:

Otros detalles e información

INFORMACIÓN DEL CONTACTO

Alumna/Alumno

Fecha de nacimiento

Nombre del padre

teléfono de contacto

Email de contacto

Nombre del madre

teléfono de contacto

Email de contacto

Contacto de emergencia no. 1: nombre y parentesco — teléfono de contacto

Contacto de emergencia no. 2: nombre y parentesco — teléfono de contacto

Información médica

Otros detalles e información

INFORMACIÓN DEL CONTACTO

Alumna/Alumno

Fecha de nacimiento

Nombre del padre

teléfono de contacto

Email de contacto

Nombre del madre

teléfono de contacto

Email de contacto

Contacto de emergencia no. 1: nombre y parentesco — teléfono de contacto

Contacto de emergencia no. 2: nombre y parentesco — teléfono de contacto

Información médica

Otros detalles e información

INFORMACIÓN DEL CONTACTO

Alumna/Alumno

Fecha de nacimiento

Nombre del padre

teléfono de contacto

Email de contacto

Nombre del madre

teléfono de contacto

Email de contacto

Contacto de emergencia no. 1: nombre y parentesco — teléfono de contacto

Contacto de emergencia no. 2: nombre y parentesco — teléfono de contacto

Información médica

Otros detalles e información

INFORMACIÓN DEL CONTACTO

Alumna/Alumno:

Fecha de nacimiento:

Nombre del padre:

teléfono de contacto:

Email de contacto:

Nombre del madre:

teléfono de contacto:

Email de contacto:

Contacto de emergencia no. 1: nombre y parentesco   teléfono de contacto

Contacto de emergencia no. 2: nombre y parentesco   teléfono de contacto

Información médica:

Otros detalles e información

INFORMACIÓN DEL CONTACTO

Alumna/Alumno:

Fecha de nacimiento:

Nombre del padre:

teléfono de contacto:

Email de contacto:

Nombre del madre:

teléfono de contacto:

Email de contacto:

Contacto de emergencia no. 1: nombre y parentesco   teléfono de contacto

Contacto de emergencia no. 2: nombre y parentesco   teléfono de contacto

Información médica

Otros detalles e información

INFORMACIÓN DEL CONTACTO

Alumna/Alumno

Fecha de nacimiento

Nombre del padre

teléfono de contacto

Email de contacto

Nombre del madre

teléfono de contacto

Email de contacto

Contacto de emergencia no. 1: nombre y parentesco   teléfono de contacto

Contacto de emergencia no. 2: nombre y parentesco   teléfono de contacto

Información médica

Otros detalles e información

INFORMACIÓN DEL CONTACTO

Alumna/Alumno

Fecha de nacimiento

Nombre del padre

teléfono de contacto

Email de contacto

Nombre del madre

teléfono de contacto

Email de contacto

Contacto de emergencia no. 1: nombre y parentesco — teléfono de contacto

Contacto de emergencia no. 2: nombre y parentesco — teléfono de contacto

Información médica

Otros detalles e información

INFORMACIÓN DEL CONTACTO

Alumna/Alumno

Fecha de nacimiento

Nombre del padre

teléfono de contacto

Email de contacto

Nombre del madre

teléfono de contacto

Email de contacto

Contacto de emergencia no. 1: nombre y parentesco   teléfono de contacto

Contacto de emergencia no. 2: nombre y parentesco   teléfono de contacto

Información médica

Otros detalles e información

INFORMACIÓN DEL CONTACTO

Alumna/Alumno

Fecha de nacimiento

Nombre del padre

teléfono de contacto

Email de contacto

Nombre del madre

teléfono de contacto

Email de contacto

Contacto de emergencia no. 1: nombre y parentesco — teléfono de contacto

Contacto de emergencia no. 2: nombre y parentesco — teléfono de contacto

Información médica

Otros detalles e información

INFORMACIÓN DEL CONTACTO

Alumna/Alumno

Fecha de nacimiento

Nombre del padre

teléfono de contacto

Email de contacto

Nombre del madre

teléfono de contacto

Email de contacto

Contacto de emergencia no. 1: nombre y parentesco   teléfono de contacto

Contacto de emergencia no. 2: nombre y parentesco   teléfono de contacto

Información médica

Otros detalles e información

INFORMACIÓN DEL CONTACTO

Alumna/Alumno

Fecha de nacimiento

Nombre del padre

teléfono de contacto

Email de contacto

Nombre del madre

teléfono de contacto

Email de contacto

Contacto de emergencia no. 1: nombre y parentesco — teléfono de contacto

Contacto de emergencia no. 2: nombre y parentesco — teléfono de contacto

Información médica

Otros detalles e información

www.ingramcontent.com/pod-product-compliance
Lightning Source LLC
LaVergne TN
LVHW060142080526
838202LV00049B/4057